学校 - σχολείο	2
旅行 - ταξίδι	5
交通运输 - μεταφορά	8
城市 - πόλη	10
地形 - τοπίο	14
餐馆 - εστιατόριο	17
超市 - σούπερ μάρκετ	20
饮料 - ποτά	22
食物 - φαγητό	23
农场 - αγρόκτημα	27
房子 - σπίτι	31
客厅 - σαλόνι	33
厨房 - κουζίνα	35
浴室 - μπάνιο	38
儿童房 - παιδικό δωμάτιο	42
衣服 - ρούχα	44
办公室 - γραφείο	49
经济 - οικονομία	51
职业 - επαγγέλματα	53
工具 - εργαλεία	56
乐器 - μουσικά όργανα	57
动物园 - ζωολογικός κήπος	59
体育 - αθλήματα	62
活动 - δραστηριότητες	63
家 - οικογένεια	67
身体 - σώμα	68
医院 - νοσοκομείο	72
紧急情况 - έκτακτη ανάγκη	76
地球 - Γη	77
钟表 - ρολόι	79
周 - εβδομάδα	80
年 - έτος	81
形状 - σχήματα	83
颜色 - χρώματα	84
反义词 - αντίθετα	85
数字 - αριθμοί	88
语言 - γλώσσες	90
谁/什么/怎样 - ποιος / τι / πως	91
方位 - που	92

Impressum
Verlag: BABADADA GmbH, Nedderfeld 112 , 22529 Hamburg
Geschäftsführer / Verlagsleitung: Harald Hof
Druck: Books on Demand GmbH, In de Tarpen 42, 22848 Norderstedt

Imprint
Publisher: BABADADA GmbH, Nedderfeld 112 , 22529 Hamburg, Germany
Managing Director / Publishing direction: Harald Hof
Print: Books on Demand GmbH, In de Tarpen 42, 22848 Norderstedt

学校
σχολείο

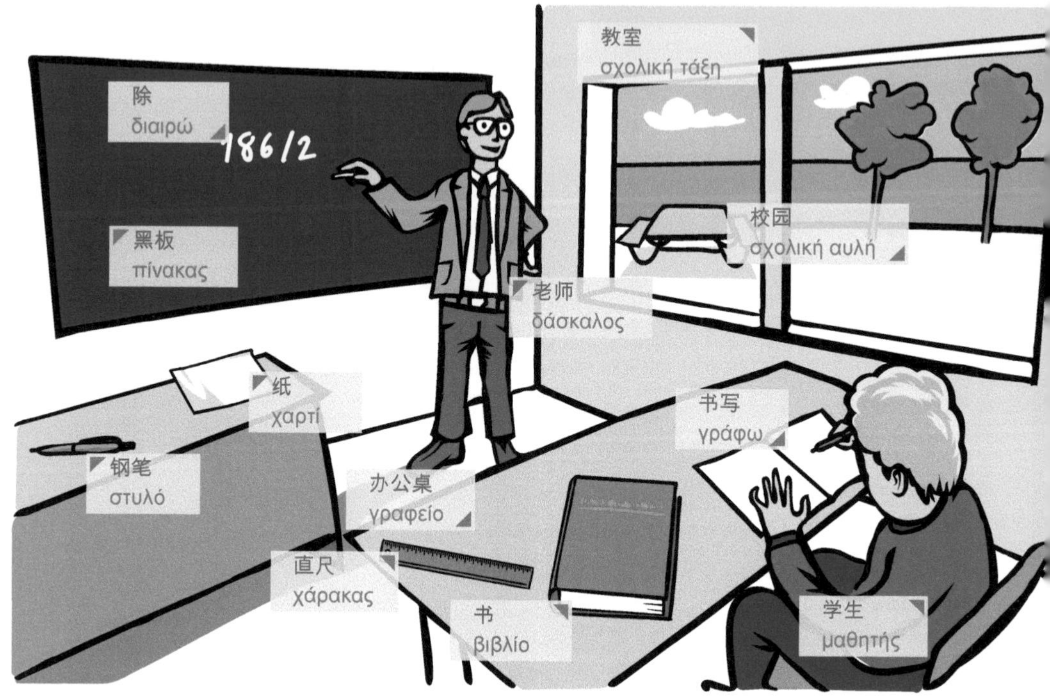

教室
σχολική τάξη
除
διαιρώ
186/2
黑板
πίνακας
校园
σχολική αυλή
老师
δάσκαλος
纸
χαρτί
书写
γράφω
钢笔
στυλό
办公桌
γραφείο
直尺
χάρακας
书
βιβλίο
学生
μαθητής

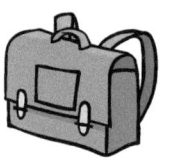

书包

σχολική τσάντα

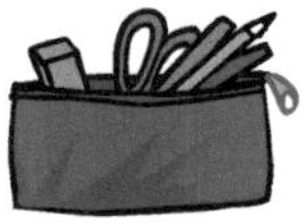

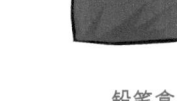

铅笔盒

κασετίνα/ μολυβοθήκη

铅笔

μολύβι

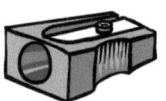

卷笔刀

ξύστρα

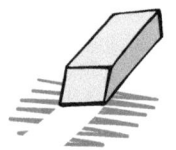

橡皮擦

γόμα

画板

μπλοκ ζωγραφικής

图画
ζωγραφική

画笔
πινέλο

颜料盒
κουτί χρωμάτων

剪刀
ψαλίδι

胶水
κόλλα

练习册
τετράδιο ασκήσεων

家庭作业
εργασία για το σπίτι

12

数字
αριθμός

2+2

加
προσθέτω

5-2

减
αφαιρώ

2×2

乘
πολλαπλασιάζω

计算
υπολογίζω

A

字母
γράμμα

ABCDEFG
HIJKLMN
OPQRSTU
VWXYZ

字母表
αλφάβητο

hello

字
λέξη

学校 - σχολείο

课文
κείμενο

读
διαβάζω

粉笔
κιμωλία

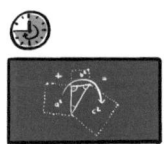

上课
μάθημα

登记
εγγράφομαι

考试
τεστ

证书
πιστοποιητικό

校服
μαθητική στολή

教育
εκπαίδευση

百科全书
εγκυκλοπαίδεια

大学
πανεπιστήμιο

显微镜
μικροσκόπιο

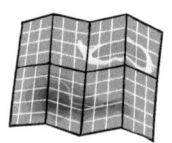

地图
χάρτης

废纸筐
καλάθι αχρήστων

旅行

ταξίδι

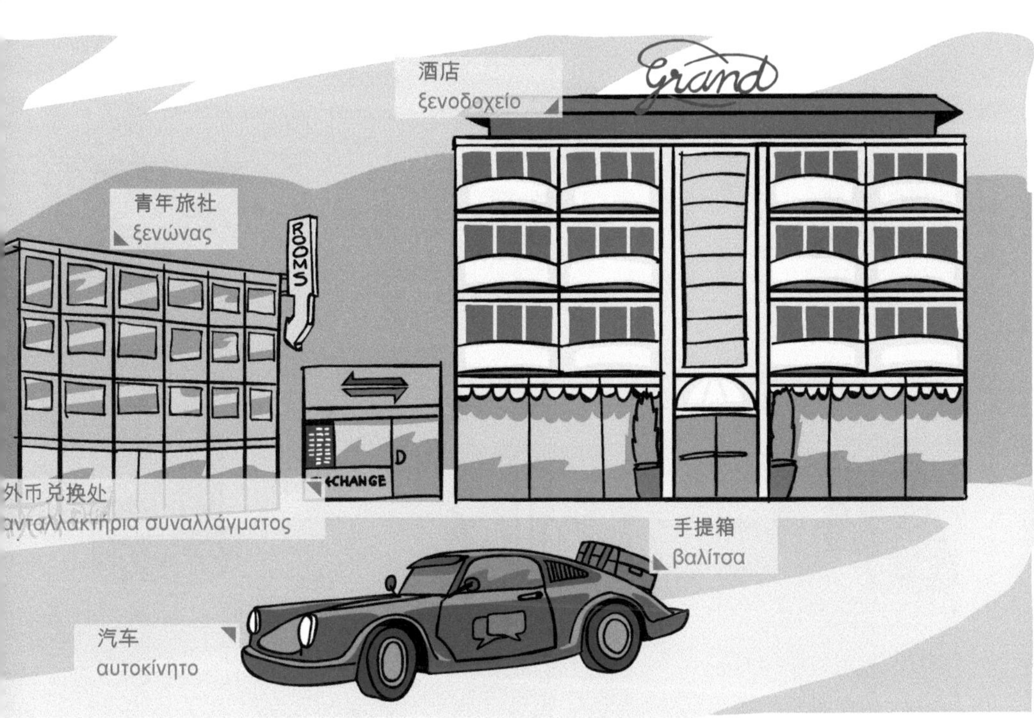

酒店
ξενοδοχείο
Grand
青年旅社
ξενώνας
ROOMS
外币兑换处
ανταλλακτήρια συναλλάγματος
手提箱
βαλίτσα
汽车
αυτοκίνητο

语言

γλώσσα

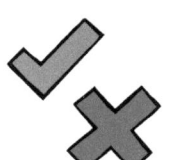

是/否

ναι / όχι

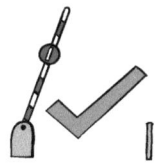

好的

εντάξει

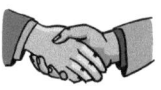

您好

γεια σου

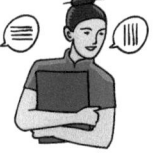

翻译员

μεταφραστής

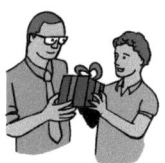

谢谢

Ευχαριστώ

......多少钱？

πόσο κάνει ;

我不明白

Δε καταλαβαίνω

问题

πρόβλημα

晚上好！

Καλησπέρα!

早上好！

Καλημέρα!

晚安！

Καληνύχτα!

再见

Αντίο

方向

κατεύθυνση

行李

αποσκευές

包

τσάντα

双肩包

σακίδιο πλάτης

客人

καλεσμένος

房间

δωμάτιο

睡袋

υπνόσακος

帐篷

σκηνή

旅行 - ταξίδι

旅游信息

τουριστικές πληροφορίες

海滩

παραλία

信用卡

πιστωτική κάρτα

早餐

πρωινό

午餐

μεσημεριανό

晚餐

δείπνο

票

εισιτήριο

电梯

ανελκυστήρας

邮票

γραμματόσημο

边界

σύνορα

海关

τελωνείο

大使馆

πρεσβεία

签证

βίζα

护照

διαβατήριο

交通运输

μεταφορά

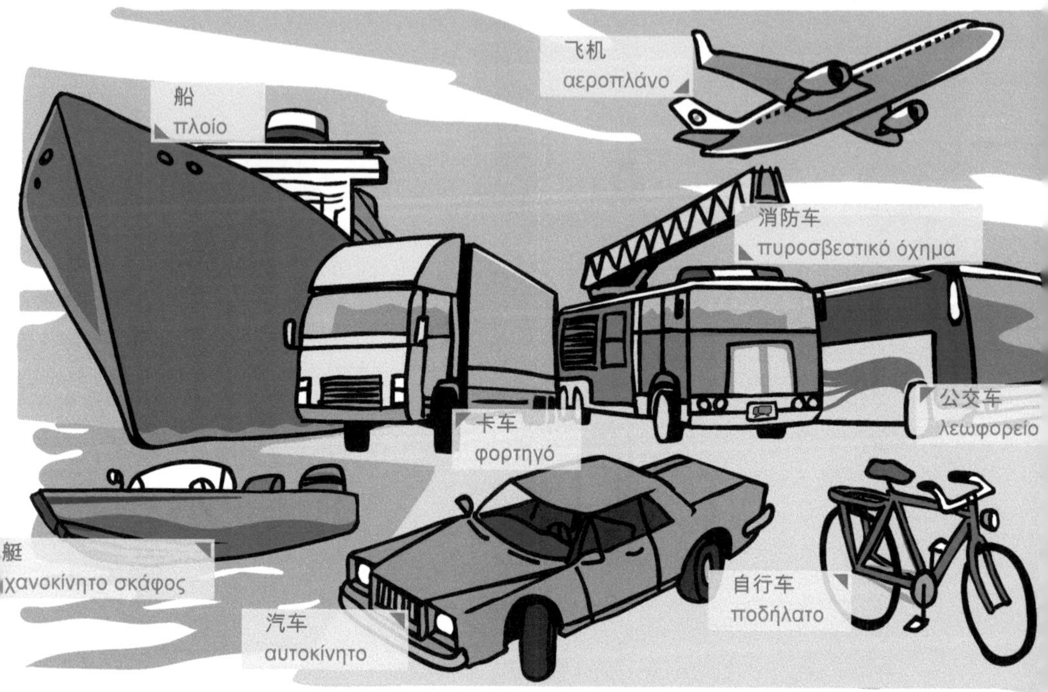

飞机
αεροπλάνο
船
πλοίο
消防车
πυροσβεστικό όχημα
公交车
λεωφορείο
卡车
φορτηγό
艇
χανοκίνητο σκάφος
自行车
ποδήλατο
汽车
αυτοκίνητο

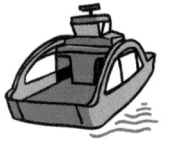

摆渡船

φεριμπότ

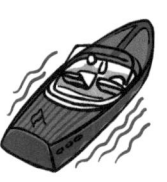

小船

βάρκα

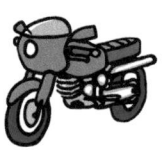

摩托车

μοτοσικλέτα

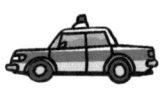

警车

περιπολικό

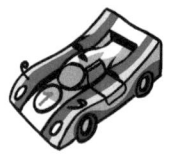

赛车

αγωνιστικό αυτοκίνητο

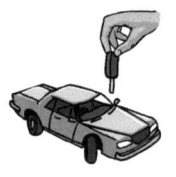

租车

ενοικιαζόμενο αυτοκίνητο

拼车

αμοιρασμός αυτοκινήτων

拖车

γερανός

垃圾车

απορριμματοφόρο

发动机

κινητήρας

汽油

καύσιμο

加油站

βενζινάδικο

交通标志

πινακίδα σήμανσης

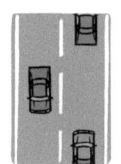

交通

κυκλοφορία

交通堵塞

κυκλοφοριακή συμφόρηση

停车场

χώρος στάθμευσης

火车站

σιδηροδρομικός σταθμός

轨道

σιδηροδρομικές γραμμές

火车

τρένο

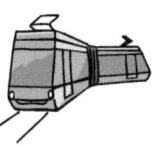

电车

τραμ

货车

βαγόνι

直升机

ελικόπτερο

机场

αεροδρόμιο

塔

πύργος

乘客

επιβάτης

集装箱

εμπορευματοκιβώτιο

纸板箱

χαρτοκιβώτιο

手推车

καρότσι

篮子

καλάθι

起飞/降落

απογειώνομαι /
προσγειόνομαι

城市
πόλη

村庄

χωριό

市中心

κέντρο της πόλης

房子

σπίτι

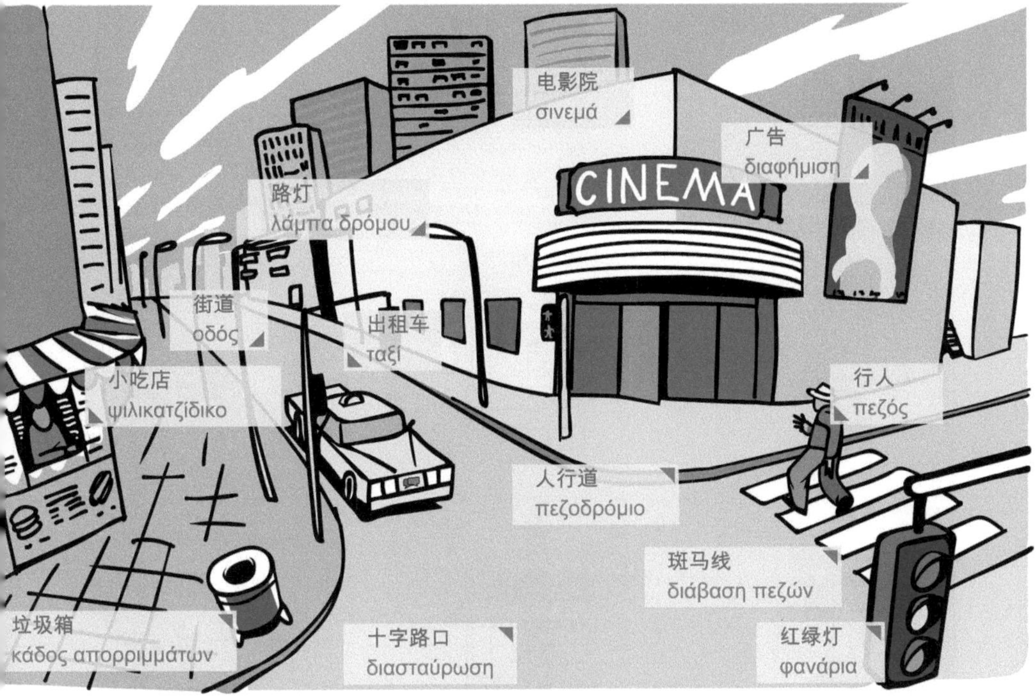
电影院
σινεμά
CINEMA
广告
διαφήμιση
路灯
λάμπα δρόμου
街道
οδός
出租车
ταξί
小吃店
ψιλικατζίδικο
行人
πεζός
人行道
πεζοδρόμιο
斑马线
διάβαση πεζών
垃圾箱
κάδος απορριμμάτων
十字路口
διασταύρωση
红绿灯
φανάρια

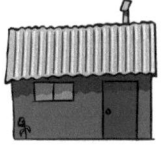

小屋

καλύβα

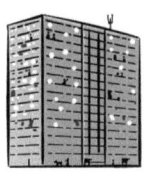

公寓

διαμέρισμα

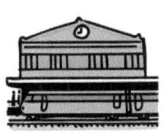

火车站

σιδηροδρομικός σταθμός

市政厅

δημαρχείο

MUSEUM

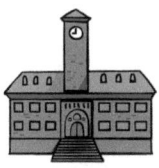

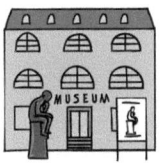

博物馆

μουσείο

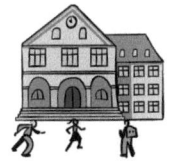

学校

σχολείο

大学

πανεπιστήμιο

银行

τράπεζα

医院

νοσοκομείο

酒店

ξενοδοχείο

药房

φαρμακείο

办公室

γραφείο

书店

βιβλιοπωλείο

商店

κατάστημα

花店

ανθοπωλείο

超市

σούπερ μάρκετ

市场

αγορά

百货商店

πολυκατάστημα

鱼店

ιχθυοπωλείο

购物中心

εμπορικό κέντρο

海港

λιμάνι

公园

πάρκο

长凳

παγκάκι

桥

γέφυρα

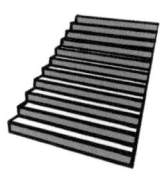

楼梯

σκάλες

地铁

μετρό

隧道

τούνελ

公交车站

στάση λεωφορείου

酒吧

μπαρ

餐馆

εστιατόριο

邮筒

γραμματοκιβώτιο

路标

πινακίδα δρόμου

停车计时器

παρκόμετρο

动物园

ζωολογικός κήπος

游泳馆

πισίνα

清真寺

τζαμί

农场

αγρόκτημα

污染

ρύπανση

墓地

νεκροταφείο

教堂

εκκλησία

操场

παιδική χαρά

寺庙

ναός

地形
τοπίο

树叶
φύλλο

指示牌
πινακίδα κατεύθυνσης

路
δρόμος

草地
λιβάδι

石头
πέτρα

树
δέντρο

徒步旅行者
πεζοπόρος

河
ποτάμι

草
χορτάρι

花
λουλούδι

峡谷

κοιλάδα

山

λόφος

湖

λίμνη

森林

δάσος

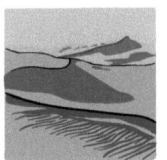

沙漠

έρημος

火山

ηφαίστειο

城堡

κάστρο

彩虹

ουράνιο τόξο

蘑菇

μανιτάρι

棕榈树

φοίνικας

蚊子

κουνούπι

苍蝇

μύγα

蚂蚁

μυρμήγκι

蜜蜂

μέλισσα

蜘蛛

αράχνη

甲虫

σκαθάρι

青蛙

βάτραχος

松鼠

σκίουρος

刺猬

σκαντζόχοιρος

野兔

λαγός

猫头鹰

κουκουβάγια

鸟

πουλί

天鹅

κύκνος

野猪

αγριογούρουνο

鹿

ελάφι

麋鹿

άλκη

水坝

φράγμα

风力发电机

ανεμογεννήτρια

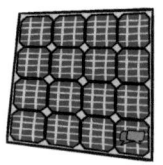

太阳能电池板

ηλιακός συλλέκτης

气候

κλίμα

餐馆

εστιατόριο

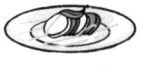

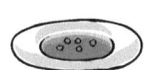

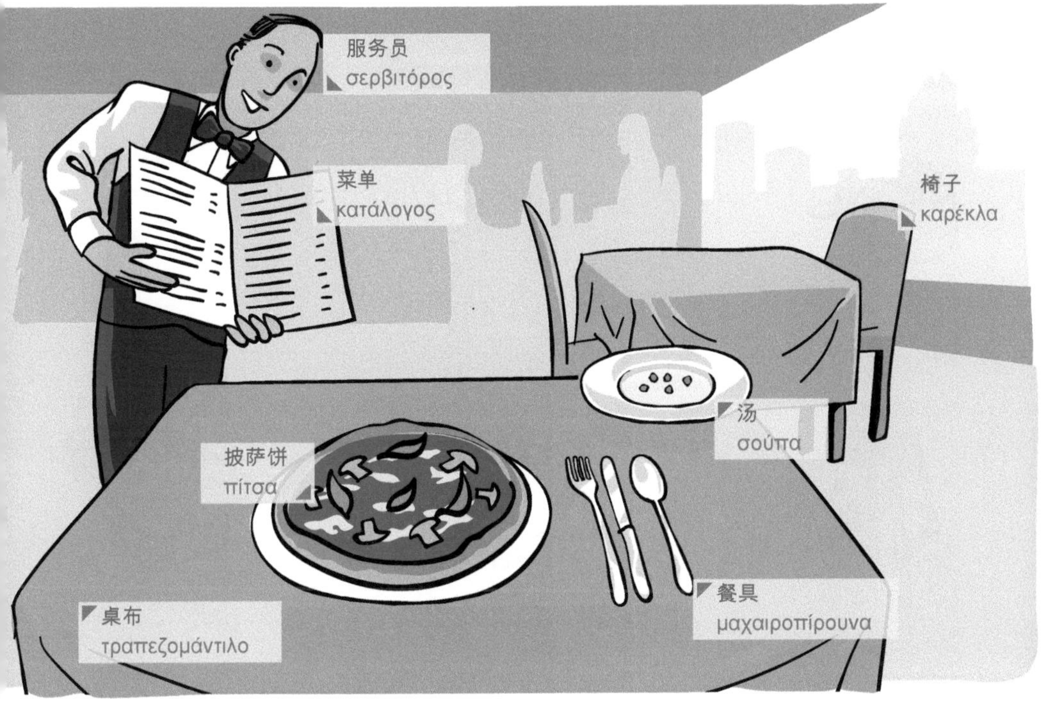

服务员
σερβιτόρος
菜单
κατάλογος
椅子
καρέκλα
汤
σούπα
披萨饼
πίτσα
餐具
μαχαιροπίρουνα
桌布
τραπεζομάντιλο

前菜

ορεκτικό

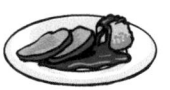

主菜

κύριο πιάτο

甜点

επιδόρπιο

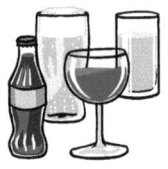

饮料

ποτά

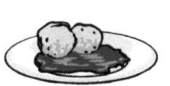

食物

φαγητό

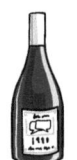

瓶子

μπουκάλι

快餐

φαστ φουντ

街边小吃

φαγητό στ' όρθιο

茶壶

τσαγιέρα

糖盒

δοχείο ζάχαρης

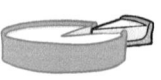

一份饭菜

μερίδα

意式咖啡机

μηχανή εσπρέσο

高脚椅

ψηλή καρέκλα

账单

λογαριασμός

托盘

δίσκος

刀

μαχαίρι

餐叉

πιρούνι

勺子

κουτάλι

茶匙

κουταλάκι του τσαγιού

餐巾

πετσέτα φαγητού

玻璃杯

ποτήρι

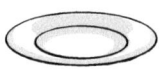

碟子

πιάτο

汤盘

πιάτο σούπας

碟子

πιατάκι φλιτζανιού

酱

σάλτσα

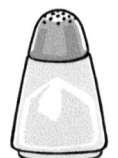

盐瓶

αλατιέρα

胡椒磨

μύλος για πιπέρι

醋

ξύδι

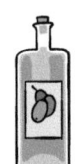

食用油

λάδι

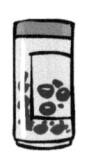

调味料

μπαχαρικά

番茄酱

κέτσαπ

芥末

μουστάρδα

蛋黄酱

μαγιονέζα

超市

σούπερ μάρκετ

特价
προσφορά
FOR
顾客
πελάτης
乳制品
γαλακτοκομικά προϊόντα
水果
φρούτα
购物车
καρότσι για ψώνια

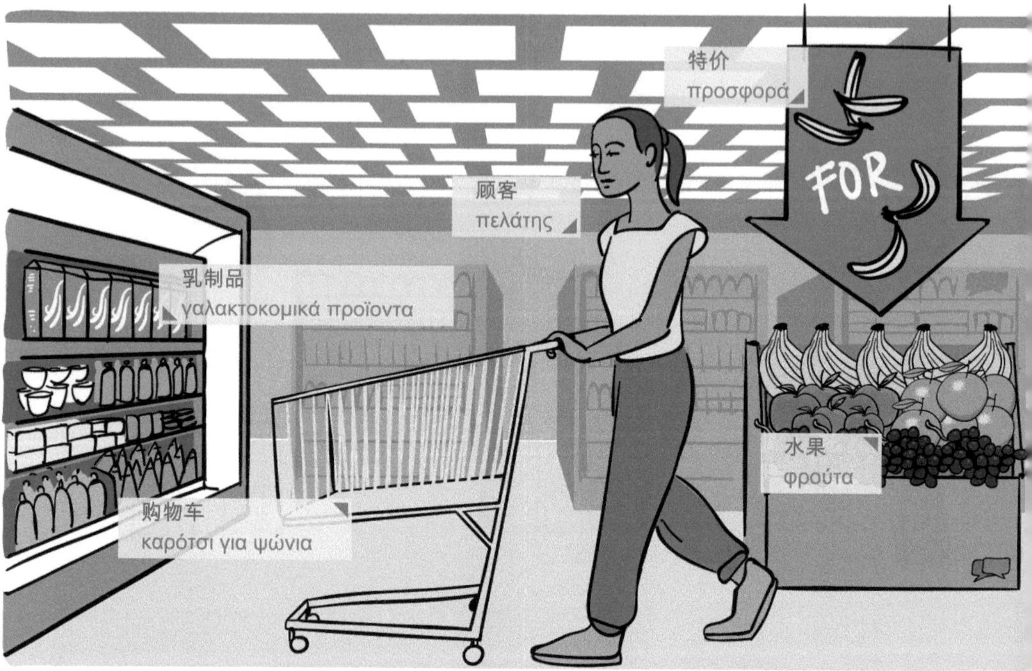

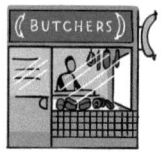

BUTCHERS

肉铺

κρεοπωλείο

BAKERY

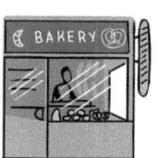

面包房

φούρνος

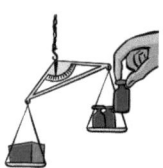

称重

ζυγίζω

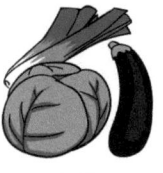

蔬菜

λαχανικά

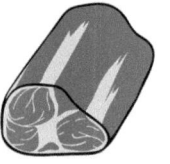

肉

κρέας

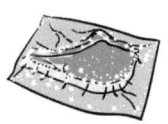

冷冻食品

κατεψυγμένα τρόφιμα

冷盘
αλλαντικά

罐头食品
κονσερβοποιημένη τροφή

洗衣粉
απορρυπαντικό ρούχων

甜食
γλυκά

日用品
οικιακά είδη

清洁用品
καθαριστικά προϊόντα

销售员
πωλήτρια

收银机
ταμείο

收银员
ταμίας

购物清单
λίστα για ψώνια

开放时间
ωράριο λειτουργίας

钱包
πορτοφόλι

信用卡
πιστωτική κάρτα

袋子
τσάντα

塑料袋
πλαστική σακούλα

水
νερό

果汁
χυμός

牛奶
γάλα

可乐
κόκα κόλα

红酒
κρασί

啤酒
μπίρα

酒
αλκοόλ

可可
κακάο

茶
τσάι

咖啡
καφές

意式浓缩咖啡
εσπρέσο

卡布奇诺
καπουτσίνο

香蕉

μπανάνα

苹果

μήλο

橙子

πορτοκάλι

西瓜

πεπόνι

柠檬

λεμόνι

胡萝卜

καρότο

大蒜

σκόρδο

竹子

μπαμπού

洋葱

κρεμμύδι

蘑菇

μανιτάρι

坚果

ξηροί καρποί

面条

νουντλς

意大利面条
μακαρόνια

米饭
ρύζι

沙拉
σαλάτα

薯条
πατατάκια

炸土豆
τηγανητές πατάτες

披萨饼
πίτσα

汉堡包
χάμπουργκερ

三明治
σάντουιτς

炸猪排
κοτολέτα

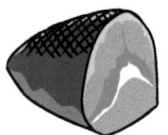

火腿
ζαμπόν

萨拉米
σαλάμι

香肠
λουκάνικο

鸡肉
κοτόπουλο

烤肉
ψητό

鱼
ψάρι

燕麦片
χυλός βρώμης

穆兹利
μούσλι

玉米片
κορν φλέικς

面粉
αλεύρι

羊角面包
κρουασάν

面包卷
ψωμάκι

面包
ψωμί

烤面包
τοστ

饼干
μπισκότα

黄油
βούτυρο

凝乳
τυρόπηγμα

蛋糕
κέικ

蛋
αυγό

煎蛋
τηγανητό αυγό

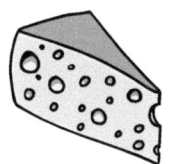

奶酪
τυρί

冰激凌

παγωτό

糖

ζάχαρη

蜂蜜

μέλι

果酱

μαρμελάδα

巧克力酱

άλλειμμα σοκολάτας

咖喱饭

κάρυ

农场
αγρόκτημα

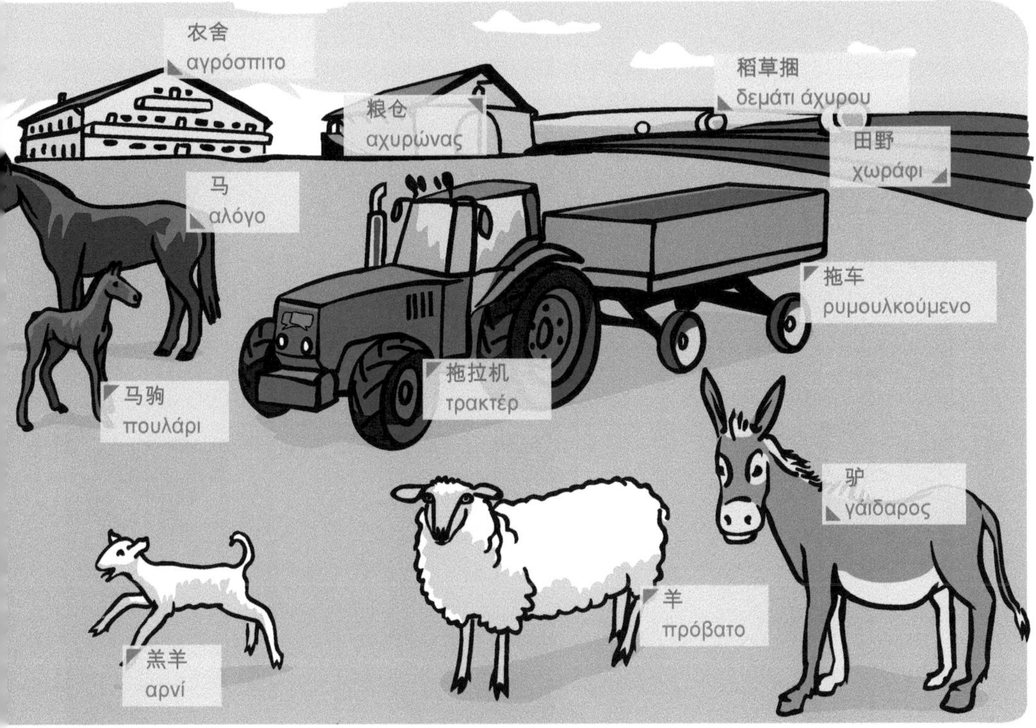
农舍
αγρόσπιτο
稻草捆
δεμάτι άχυρου
粮仓
αχυρώνας
田野
χωράφι
马
αλόγο
拖车
ρυμουλκούμενο
拖拉机
τρακτέρ
马驹
πουλάρι
驴
γάιδαρος
羊
πρόβατο
羔羊
αρνί

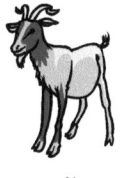

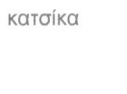

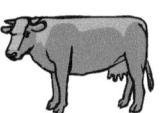

山羊

κατσίκα

奶牛

αγελάδα

牛犊

μοσχαράκι

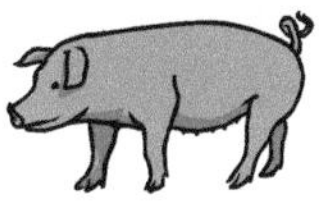

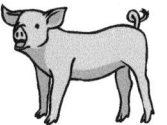

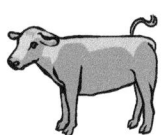

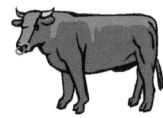

猪

γουρούνι

小猪

γουρουνάκι

公牛

ταύρος

鹅

χήνα

鸭

πάπια

小鸡

κοτοπουλάκι

母鸡

κότα

公鸡

κόκορας

鼠

αρουραίος

猫

γάτα

老鼠

ποντίκι

牛

βόδι

狗

σκύλος

狗屋

σπιτάκι σκύλου

花园浇水软管

λάστιχο κήπου

洒水壶

ποτιστήρι

长柄大镰刀

θεριστήρι

犁

αλέτρι

农场 - αγρόκτημα

镰刀

δρεπάνι

锄头

τσάπα

长柄草耙

δίκρανο

斧头

τσεκούρι

独轮手推车

χειράμαξα

饲料槽

ταΐστρα

牛奶罐

δοχείο γάλακτος

麻布袋

σάκος

栅栏

φράχτης

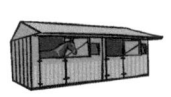

马厩

στάβλος

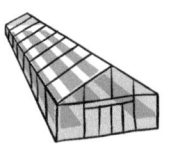

温室

θερμοκήπιο

土壤

έδαφος

种子

σπόρος

肥料

λίπασμα

联合收割机

θεριζοαλωνιστική μηχανή

农场 - αγρόκτημα

收割
θερίζω

收割
συγκομιδή

山药
γιαμς

小麦
σιτάρι

大豆
σόγια

土豆
πατάτα

玉米
καλαμπόκι

油菜籽
κράμβη

果树
οπωροφόρο δέντρο

树薯
μανιόκα

谷物
δημητριακά

农场 - αγρόκτημα

房子

σπίτι

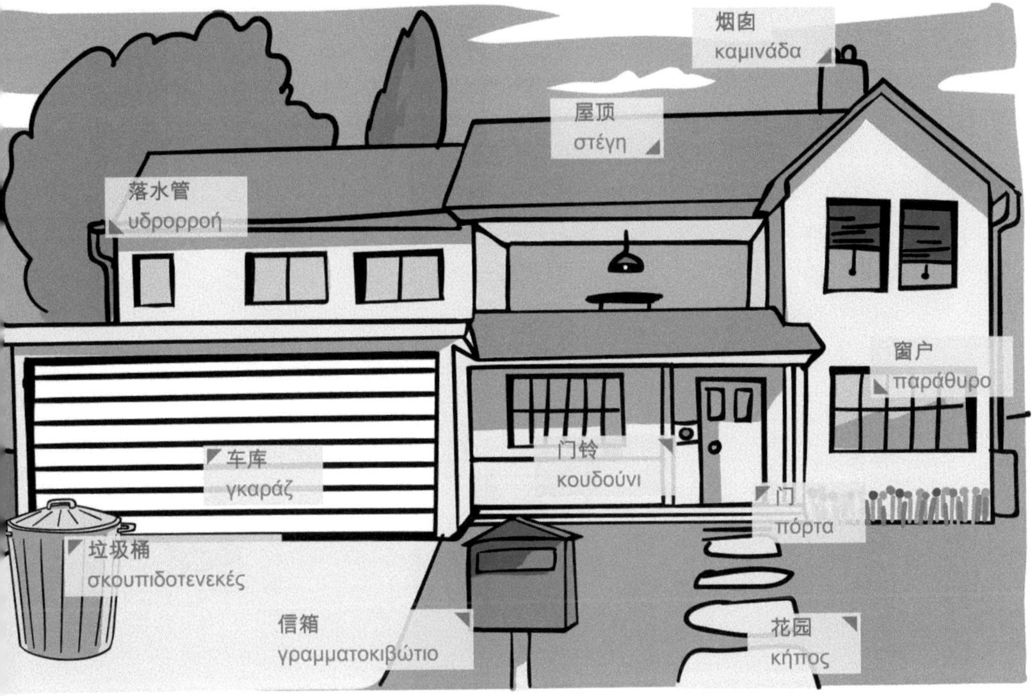

烟囱
καμινάδα
屋顶
στέγη
落水管
υδρορροή
窗户
παράθυρο
门铃
κουδούνι
车库
γκαράζ
门
πόρτα
垃圾桶
σκουπιδοτενεκές
信箱
γραμματοκιβώτιο
花园
κήπος

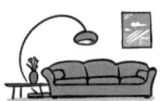

客厅

σαλόνι

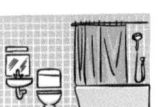

浴室

μπάνιο

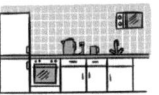

厨房

κουζίνα

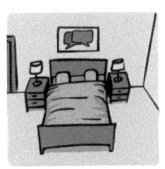

卧室

υπνοδωμάτιο

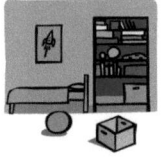

儿童房

παιδικό δωμάτιο

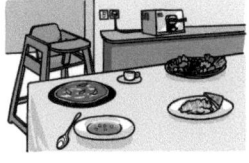

餐厅

τραπεζαρία

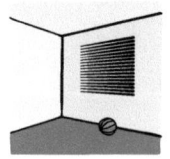

地板
πάτωμα

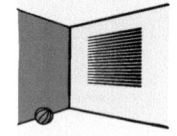

墙壁
τοίχος

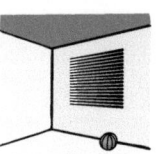

吊顶
οροφή

地窖
κελάρι

桑拿
σάουνα

阳台
μπαλκόνι

露台
βεράντα

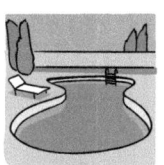

游泳池
πισίνα

割草机
μηχανή του γκαζόν

被单
σεντόνι

床罩
κάλυμμα κρεβατιού

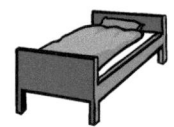

床
κρεβάτι

扫帚
σκούπα

水桶
κουβάς

开关
διακόπτης

客厅
σαλόνι

壁纸
ταπετσαρία
照片
φωτογραφία
台灯
λάμπα
搁架
ράφι
橱柜
ντουλάπι
电视机
τηλεόραση
壁炉
τζάκι
花
λουλούδι
垫子
μαξιλάρι
沙发
καναπές
花瓶
βάζο
遥控器
τηλεκοντρόλ

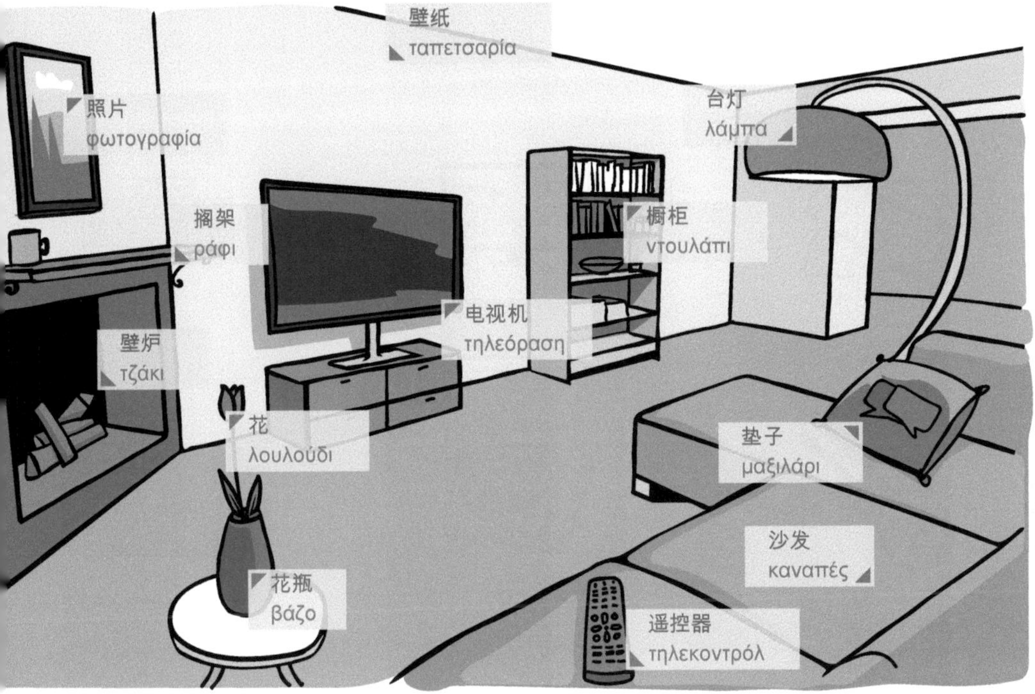

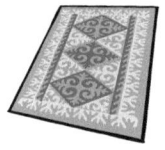

地毯

χαλί

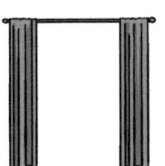

窗帘

κουρτίνα

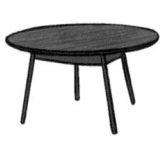

餐桌

τραπέζι

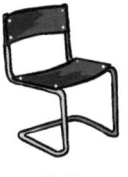

椅子

καρέκλα

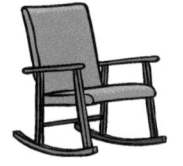

摇椅

κουνιστή πολυθρόνα

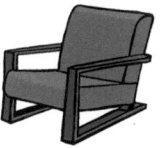

扶手椅

πολυθρόνα

书
βιβλίο

毯子
κουβέρτα

装饰品
διακόσμηση

木柴
καυσόξυλα

电影
ταινία

高保真音响
στερεοφωνικό σύστημα

钥匙
κλειδί

报纸
εφημερίδα

油画
πίνακας ζωγραφικής

海报
αφίσα

收音机
ραδιόφωνο

笔记本
σημειωματάριο

吸尘器
ηλεκτρική σκούπα

仙人掌
κάκτος

蜡烛
κερί

厨房

κουζίνα

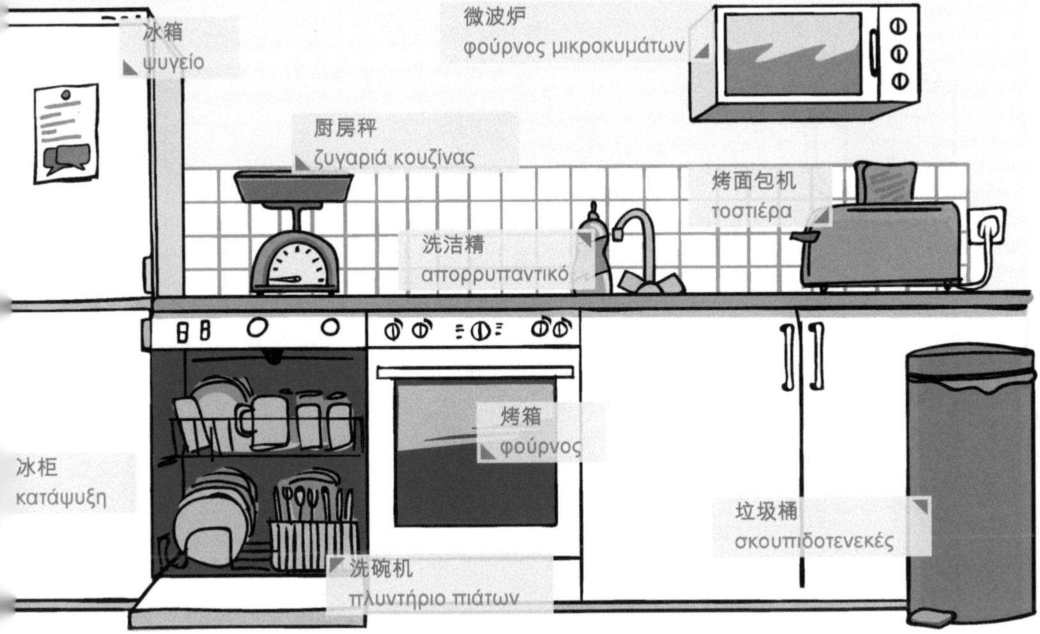

冰箱
ψυγείο
微波炉
φούρνος μικροκυμάτων
厨房秤
ζυγαριά κουζίνας
烤面包机
τοστιέρα
洗洁精
απορρυπαντικό
烤箱
φούρνος
冰柜
κατάψυξη
垃圾桶
σκουπιδοτενεκές
洗碗机
πλυντήριο πιάτων

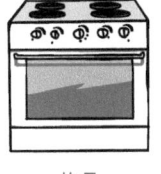

炊具

κουζίνα

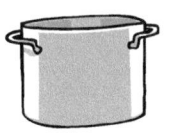

锅

κατσαρόλα

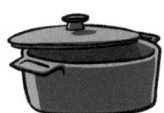

铸铁锅

μαντεμένια κατσαρόλα

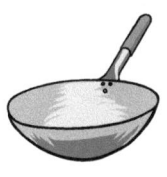

炒锅

γουόκ/καντάι

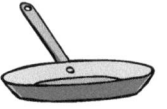

平底锅

τηγάνι

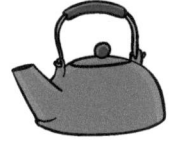

水壶

βραστήρας

蒸锅

ατμομάγειρας

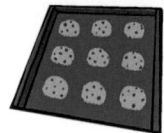

烤盘

ταψί

陶瓷锅

πιατικά

马克杯

κούπα

碗

μπολ

筷子

ξυλάκια

长柄勺

κουτάλα

铲子

σπάτουλα

搅拌器

ανακατεύω

滤网

σουρωτήρι

筛子

σουρωτηράκι

磨碎机

τρίφτης

研钵

γουδί

烧烤

ψησταριά

明火

ανοιχτή φωτιά

菜板
σανίδα κοπής

擀面杖
πλάστης

开瓶器
ανοιχτήρι φελλών

罐子
κονσέρβα

开罐器
ανοιχτήρι κονσέρβας

隔热手套
γάντι φούρνου

水槽
νεροχύτης

刷子
βούρτσα

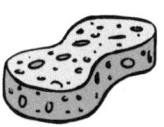

海绵
σφουγγάρι

搅拌机
μπλέντερ

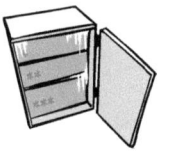

冷藏箱
καταψύκτης

奶瓶
μπιμπερό

水龙头
βρύση

浴室

μπάνιο

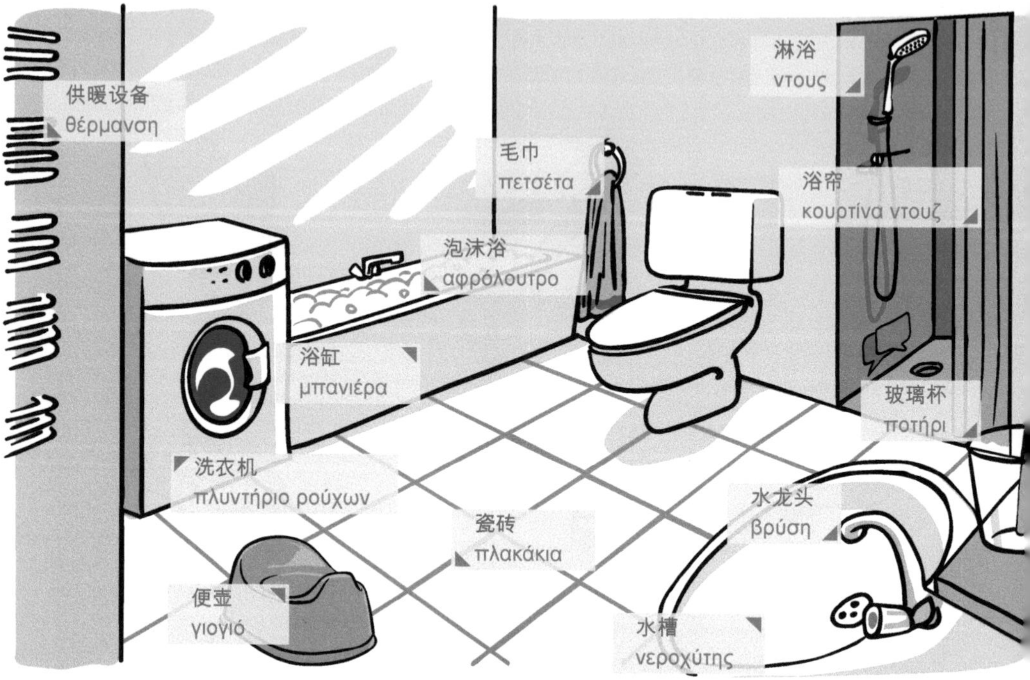

供暖设备
θέρμανση
毛巾
πετσέτα
泡沫浴
αφρόλουτρο
淋浴
ντους
浴帘
κουρτίνα ντουζ
浴缸
μπανιέρα
洗衣机
πλυντήριο ρούχων
玻璃杯
ποτήρι
水龙头
βρύση
瓷砖
πλακάκια
便壶
γιογιό
水槽
νεροχύτης

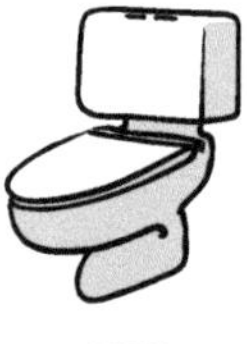
厕所
τουαλέτα

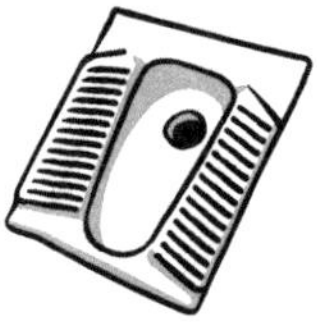
蹲便器
τούρκικη τουαλέτα

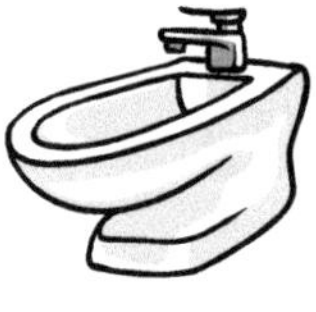
坐浴器
μπιντές

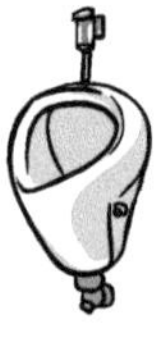
小便池
ουρητήριο

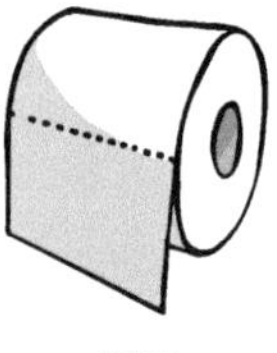
厕纸
χαρτί υγείας

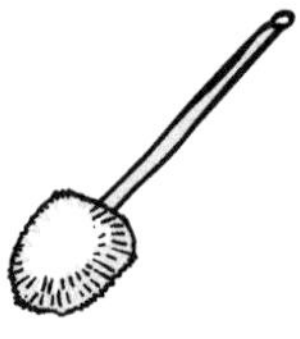
马桶刷
πιγκάλ

牙刷

οδοντόβουρτσα

牙膏

οδοντόκρεμα

牙线

οδοντικό νήμα

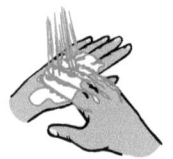

洗

πλένω

手持式喷淋头

τηλέφωνο ντους

冲洗器

ντουσιέρα

洗脸盆

λεκάνη

擦背刷

βούρτσα πλάτης

肥皂

σαπούνι

沐浴露

αφρόλουτρο

洗发水

σαμπουάν

法兰绒

φανέλα

排水

σιφόνι

乳霜

κρέμα

除臭剂

αποσμητικό

浴室 - μπάνιο

镜子

καθρέφτης

手镜

καθρέφτης χειρός

剃须刀

ξυραφάκι

剃须泡沫

αφρός ξυρίσματος

须后水

αφτερσέιβ

梳子

χτένα

刷子

βούρτσα

吹风机

σεσουάρ

喷发定型剂

λακ

化妆品

μακιγιάζ

唇膏

κραγιόν

指甲油

βερνίκι νυχιών

化妆棉

βαμβάκι

指甲剪

ψαλίδι νυχιών

香水

άρωμα

洗漱包

νεσεσέρ

凳子

σκαμπό

计重秤

ζυγαριά

浴袍

μπουρνούζι

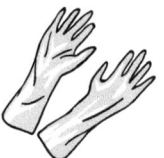

橡胶手套

ελαστικά γάντια

卫生棉条

ταμπόν

卫生巾

πετσέτα υγιεινής

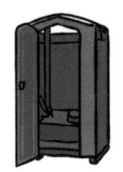

化学厕所

χημική τουαλέτα

儿童房

παιδικό δωμάτιο

闹钟
ξυπνητήρι
毛绒玩具
λούτρινο ζωάκι
玩具车
αυτοκινητάκι
拨浪鼓
κουδουνίστρα
玩具屋
κουκλόσπιτο
礼物
δώρο

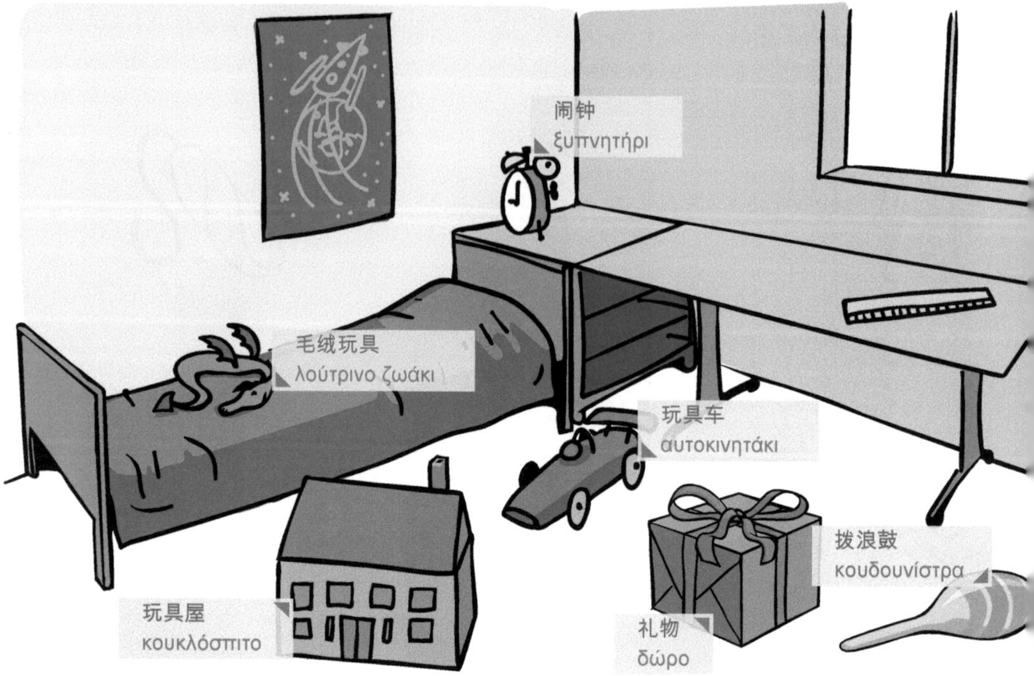

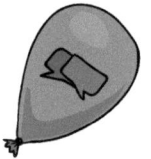

气球

μπαλόνι

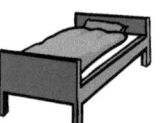

床

κρεβάτι

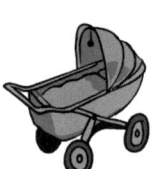

（洋娃娃用）婴儿车

καροτσάκι

扑克牌

τράπουλα

拼图

παζλ

SUPER MEGA

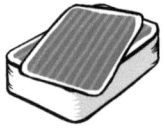

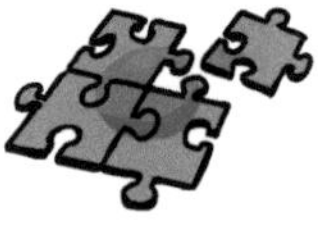

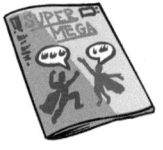

漫画

κόμικς

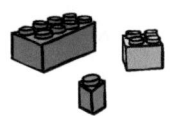

乐高积木

τουβλάκια lego

积木玩具

τουβλάκια κατασκευών

玩具人

φιγούρα δράσης

婴儿服

βρεφικό φορμάκι

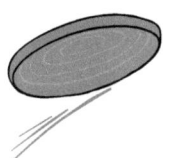

飞盘

φρίσμπι

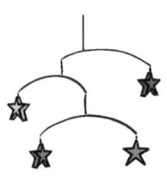

床铃玩具

μόμπιλο

棋盘游戏

επιτραπέζιο παιχνίδι

骰子

ζάρια

火车模型

σετ τρενάκι

安抚奶嘴

πιπίλα

聚会

πάρτι

绘本

εικονογραφημένο βιβλίο

球

μπάλα

洋娃娃

κούκλα

玩

παίζω

沙坑

σκάμμα με άμμο

秋千

κούνια

玩具

παιχνίδια

游戏机

κονσόλα βιντεοπαιχνιδιών

三轮车

τρίκυκλο

泰迪熊

αρκουδάκι

衣柜

ντουλάπα

衣服

ρούχα

袜子

κάλτσες

长袜

καλτσοδέτες

紧身裤

καλσόν

围巾
κασκόλ

雨伞
ομπρέλα

皮带
ζώνη

T恤
μπλουζάκι

靴子
μπότες

拖鞋
παντόφλες

运动鞋
αθλητικά παπούτσια

凉鞋
σανδάλια

鞋
παπούτσια

雨靴
γαλότσες

内裤
εσώρουχο

胸罩
σουτιέν

背心
φανέλα

身体
σώμα

裤子
παντελόνι

牛仔裤
τζιν παντελόνι

短裙
φούστα

女式衬衫
μπλούζα

衬衫
πουκάμισο

套头衫
πουλόβερ

卫衣
πουλόβερ

西装夹克
σακάκι

夹克
μπουφάν

外套
παλτό

雨衣
αδιάβροχο πανωφόρι

套装
κοστούμι

连衣裙
φόρεμα

婚纱
νυφικό

西装
κοστούμι

睡袍
νυχτικό

睡衣
πιτζάμες

莎丽
σάρι

头巾
μαντήλι

包头巾
τουρμπάνι

波卡
μπούρκα

卡夫坦
καφτάνι

(阿拉伯式)长袍长袍
μουσουλμανικό ένδυμα

泳衣
ολόσωμο μαγιό

男式泳裤
ανδρικό μαγιό

短裤
σορτς

运动服
αθλητική φόρμα

围裙
ποδιά

手套
γάντια

衣服 - ρούχα

纽扣

κουμπί

眼镜

γυαλιά

手链

βραχιόλι

项链

περιδέραιο

戒指

δαχτυλίδι

耳环

σκουλαρίκι

便帽

καπέλο

衣架

κρεμάστρα

帽子

καπέλο

领带

γραβάτα

拉链

φερμουάρ

头盔

κράνος

背带

τιράντες

校服

μαθητική στολή

制服

στολή

衣服 - ρούχα

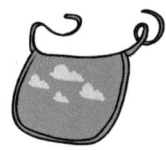

围兜

σαλιάρα

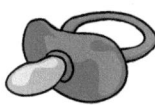

安抚奶嘴

πιπίλα

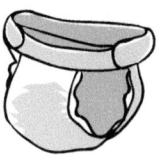

尿不湿

πάνα

办公室
γραφείο

服务器
σέρβερ
文件柜
αρχειοθήκη
打印机
εκτυπωτής
纸
χαρτί
显示屏
οθόνη
办公桌
γραφείο
鼠标
ποντίκι
文件夹
ντοσιέ
键盘
πληκτρολόγιο
废纸筐
καλάθι αχρήστων
电脑
υπολογιστής
椅子
καρέκλα

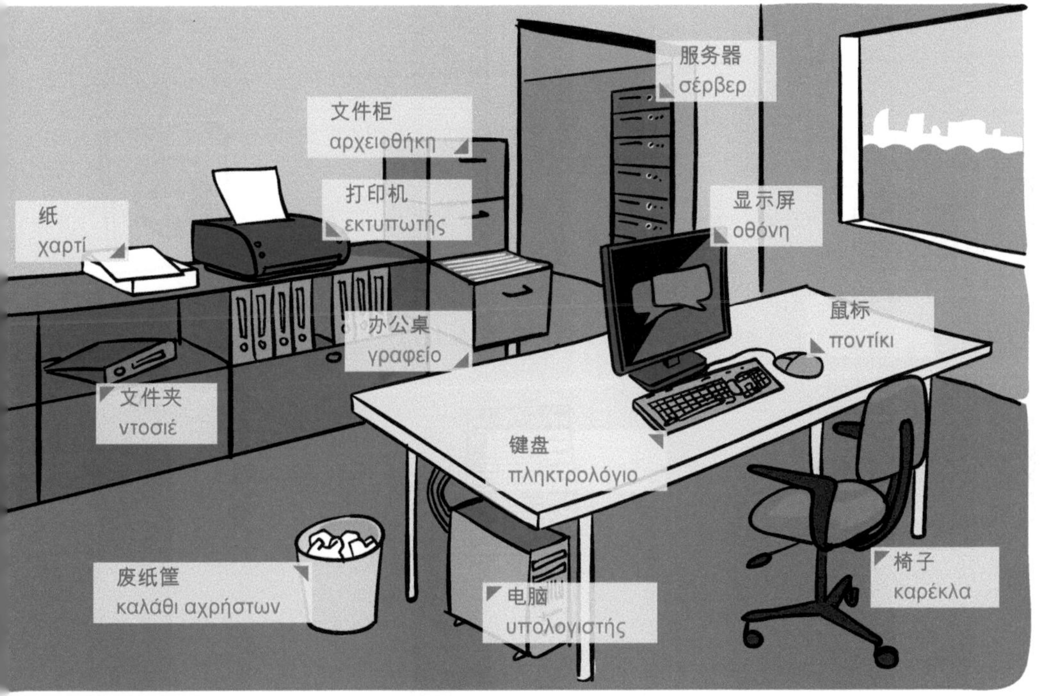

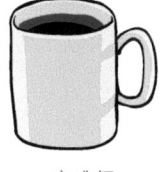

咖啡杯

κούπα του καφέ

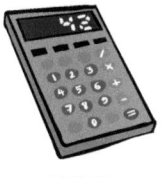

计算器

κομπιουτεράκι

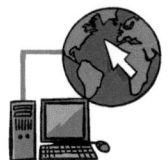

因特网

ίντερνετ

笔记本电脑

λάπτοπ

信件

γράμμα

消息

μήνυμα

手机

κινητό

网络

δίκτυο

复印机

φωτοτυπικό μηχάνημα

软件

λογισμικό

电话

τηλέφωνο

插座

πρίζα

传真机

συσκευή φαξ

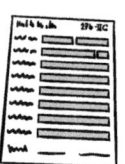

表格

έντυπο

文件

έγγραφο

买
αγοράζω

付钱
πληρώνω

交易
συναλλάσσομαι

现金
χρήματα

USD

美元
δολάριο

EUR

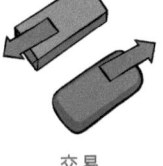

欧元
ευρώ

JPY

日元
γιεν

RUB

卢布
ρούβλι

CHF

瑞士法郎
ελβετικό φράγκο

CNY

人民币
ρενμίνμπι γιουάν

INR

卢比
ρουπία

提款处
ΑΤΜ (αυτόματη ταμειακή
μηχανή)

外币兑换处

ανταλλακτήρια συναλλάγματος

金

χρυσός

银

ασήμι

石油

πετρέλαιο

能源

ενέργεια

价格

τιμή

合同

συμβόλαιο

税金

φόρος

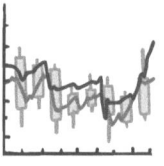

股票

μετοχή

工作

δουλεύω

职员

υπάλληλος

老板

εργοδότης

工厂

εργοστάσιο

商店

κατάστημα

警官
αστυνόμος

消防员
πυροσβέστης

厨师
μάγειρας

医生
γιατρός

飞行员
πιλότος

园丁

κηπουρός

木匠

ξυλουργός

裁缝

μοδίστρα

法官

δικαστής

化学家

χημικός

演员

ηθοποιός

职业 - επαγγέλματα

公交车司机

οδηγός λεωφορείου

出租车司机

ταξιτζής

渔夫

ψαράς

清洁女工

καθαρίστρια

屋顶工

τεχνίτης στεγών

服务员

σερβιτόρος

猎人

κυνηγός

画家

ζωγράφος

面包师

αρτοποιός

电工

ηλεκτρολόγος

建筑工人

οικοδόμος

工程师

μηχανολόγος

屠夫

κρεοπώλης

水管工

υδραυλικός

邮递员

ταχυδρόμος

士兵
στρατιώτης

建筑师
αρχιτέκτονας

收银员
ταμίας

花农
ανθοπώλης

理发师
κομμωτής

售票员
ελεγκτής εισιτηρίων

机械师
μηχανικός

船长
καπετάνιος

牙医
οδοντίατρος

科学家
επιστήμονας

拉比
ραβίνος

伊玛目
ιμάμης

和尚
μοναχός

牧师
ιερέας

职业 - επαγγέλματα

工具
εργαλεία

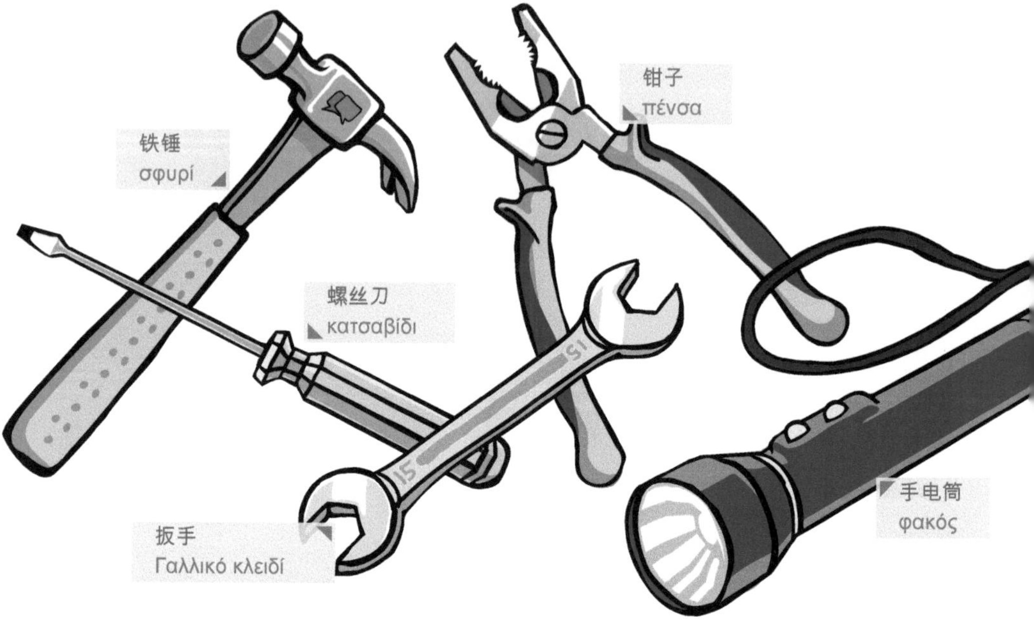
钳子
πένσα
铁锤
σφυρί
螺丝刀
κατσαβίδι
手电筒
φακός
扳手
Γαλλικό κλειδί

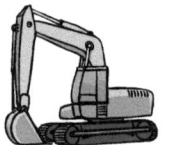

挖掘机

εκσκαφέας

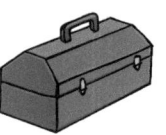

工具箱

εργαλειοθήκη

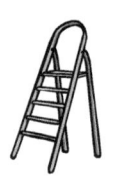

梯子

σκάλα

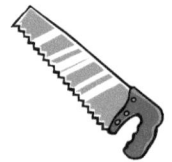

锯子

πριόνι

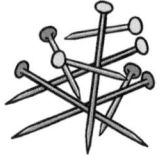

钉子

καρφιά

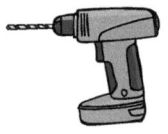

钻机

τρυπάνι

修

επισκευάζω

铲子

φτυάρι

靠！

Να πάρει!

簸箕

φαράσι

油漆桶

δοχείο χρωμάτων

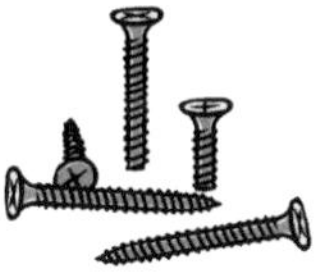

螺丝

βίδες

乐器
μουσικά όργανα

打击乐器
ντραμς

扬声器
μεγάφωνο

吉他
κιθάρα

低音提琴
κοντραμπάσο

小号
τρομπέτα

钢琴

πιάνο

小提琴

βιολί

贝斯

μπάσο

定音鼓

τύμπανα

鼓

τύμπανο

电子琴

πλήκτρα

萨克斯管

σαξόφωνο

长笛

φλάουτο

麦克风

μικρόφωνο

动物园

ζωολογικός κήπος

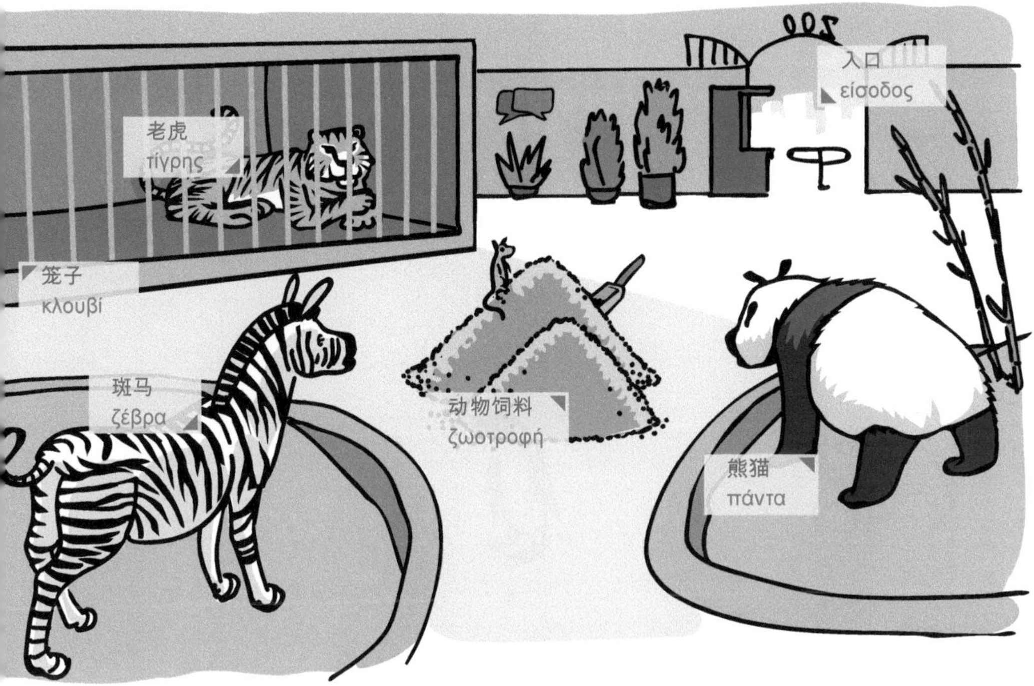
入口
είσοδος
老虎
τίγρης
笼子
κλουβί
斑马
ζέβρα
动物饲料
ζωοτροφή
熊猫
πάντα

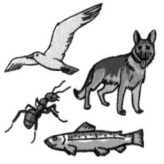

动物

ζώα

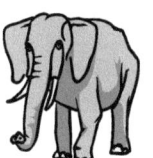

大象

ελέφαντας

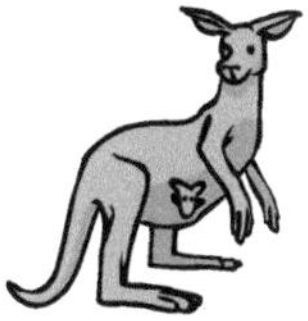

袋鼠

καγκουρό

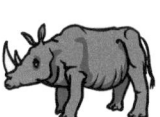

犀牛

ρινόκερος

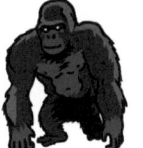

大猩猩

γορίλας

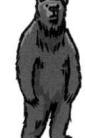

熊

αρκούδα

骆驼

καμήλα

鸵鸟

στρουθοκάμηλος

狮子

λιοντάρι

猴子

πίθηκος

火烈鸟

φλαμίνγκο

鹦鹉

παπαγάλος

北极熊

πολική αρκούδα

企鹅

πιγκουίνος

鲨鱼

καρχαρίας

孔雀

παγώνι

蛇

φίδι

鳄鱼

κροκόδειλος

动物园管理员

φύλακας ζωολογικού κήπου

海豹

φώκια

美洲豹

τζάγκουαρ

矮种马
pónu

豹
λεοπάρδαλη

河马
ιπποπόταμος

长颈鹿
καμηλοπάρδαλη

老鹰
αετός

野猪
αγριογούρουνο

鱼
ψάρι

龟
χελώνα

海象
θαλάσσιος ίππος

狐狸
αλεπού

羚羊
γαζέλα

橙榄球
Αμερικάνικο ποδόσφαιρο

骑自行车
ποδηλασία

网球
αντισφαίριση

篮球
μπάσκετ

游泳
κολύμβηση

拳击
πυγχαμία

冰球
χόκεϋ επί πάγου

英式足球

ποδόσφαιρο

羽毛球

μπάντμιντον

田径

στίβος

手球

χάντμπολ

滑雪

σκι

马球

πόλο

活动
δραστηριότητες

跳
πηδάω
拥抱
αγκαλιάζω
笑
γελάω
走路
περπατάω
唱
τραγουδάω
做梦
ονειρεύομαι
祈祷
προσεύχομαι
亲吻
φιλάω

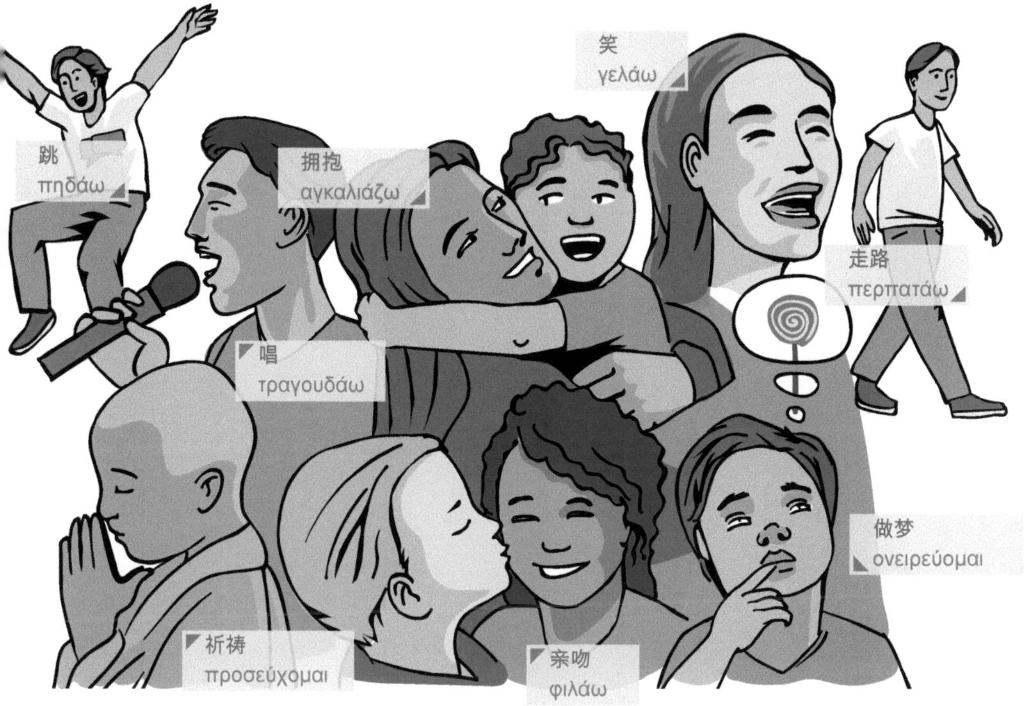

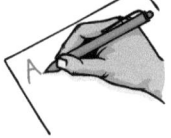

书写

γράφω

画

σχεδιάζω

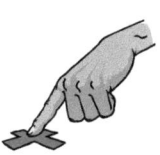

展示

δείχνω

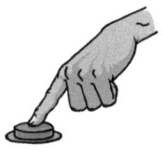

推

πιέζω

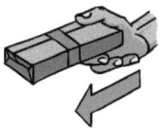

给

δίνω

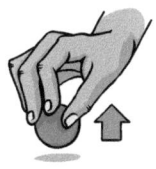

拿

παίρνω

有
έχω

做
κάνω

当
είμαι

站
στέκομαι

跑
τρέχω

拉
τραβάω

扔
ρίχνω

摔倒
πέφτω

躺
ξαπλώνω

等待
περιμένω

携带
κουβαλώ

坐
κάθομαι

穿衣
φοράω

睡觉
κοιμάμαι

醒来
ξυπνάω

看
κοιτάω

哭
κλαίω

抚摸
χαϊδεύω

梳头
χτενίζω

交谈
μιλάω

明白
καταλαβαίνω

问
ρωτάω

听
ακούω

喝
πίνω

吃
τρώω

清理
συγυρίζω

爱
αγαπάω

做饭
μαγειρεύω

开车
οδηγώ

飞
πετάω

活动 - δραστηριότητες　　　　65

航行

κάνω ιστιοπλοΐα

计算

υπολογίζω

读

διαβάζω

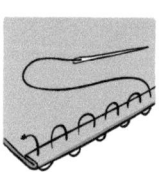

学习

μαθαίνω

工作

δουλεύω

结婚

παντρεύομαι

缝

ράβω

刷牙

βουρτσίζω τα δόντια

杀

σκοτώνω

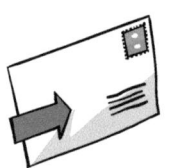

抽烟

καπνίζω

寄

στέλνω

家

οικογένεια

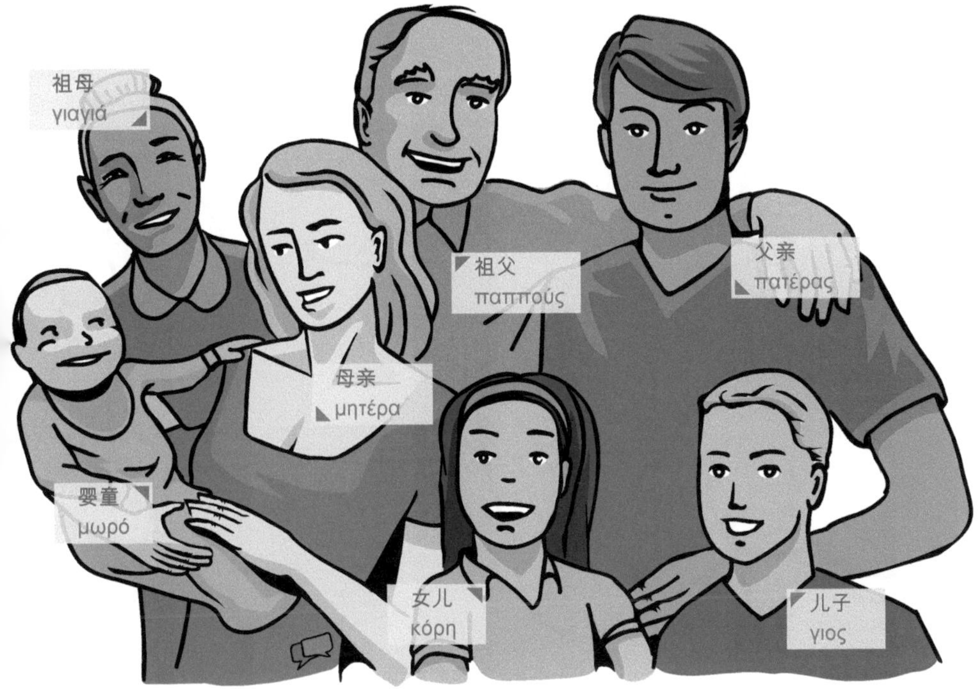

祖母
γιαγιά
祖父
παππούς
父亲
πατέρας
母亲
μητέρα
婴童
μωρό
女儿
κόρη
儿子
γιος

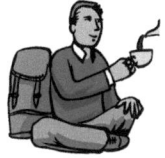

客人

καλεσμένος

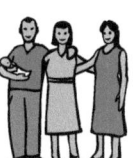

阿姨

θεία

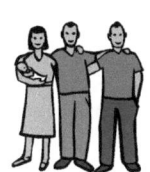

叔叔

θείος

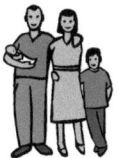

兄弟

αδελφός

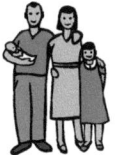

姐妹

αδελφή

身体

σώμα

前额
μέτωπο
眼睛
μάτι
肩膀
ώμος
手指
δάχτυλο
脸
πρόσωπο
下巴
πιγούνι
手
χέρι
腿
πόδι
乳房
στήθος
手臂
βραχίονας

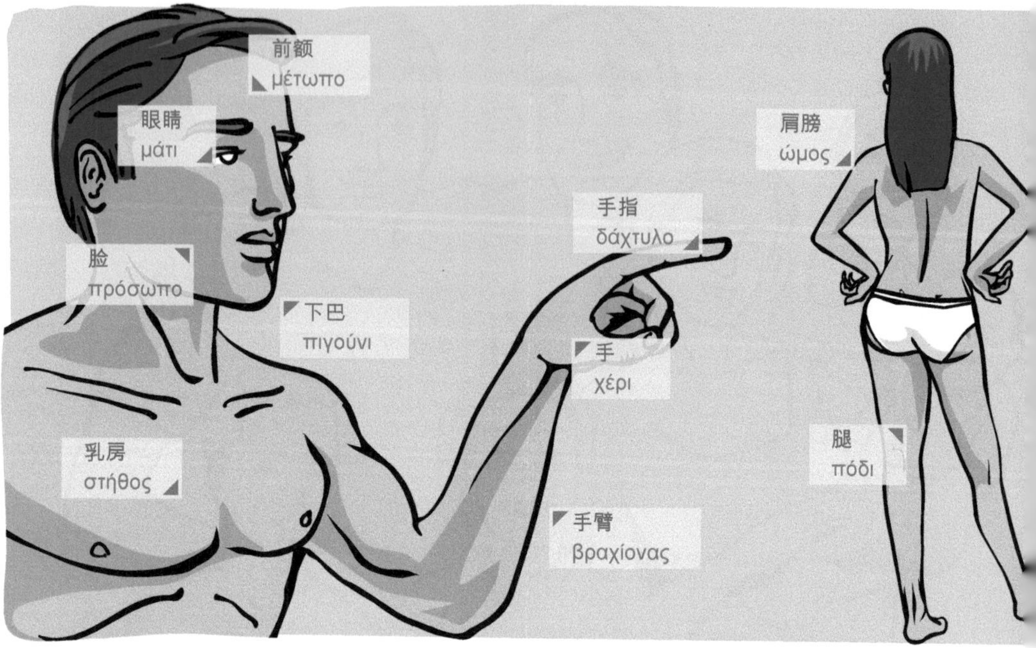

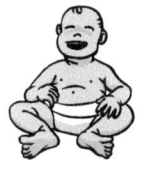

婴童

μωρό

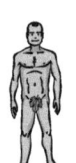

男人

άνδρας

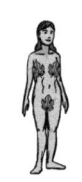

女人

γυναίκα

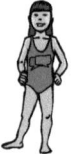

女孩

κορίτσι

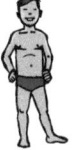

男孩

αγόρι

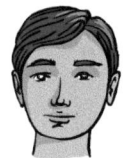

头

κεφάλι

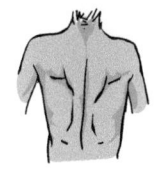

背部
πλάτη

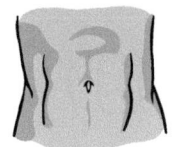

肚子
κοιλιά

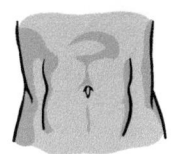

肚脐
αφαλός

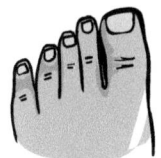

脚趾
δάχτυλο ποδιού

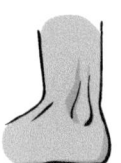

脚后跟
φτέρνα

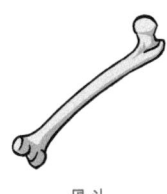

骨头
κόκκαλο

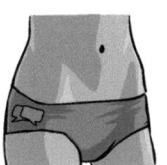

臀部
γοφός

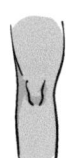

膝盖
γόνατο

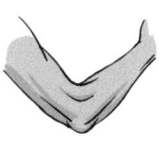

手肘
αγκώνας

鼻子
μύτη

屁股
γλουτός

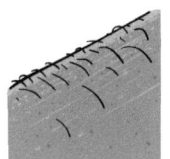

皮肤
δέρμα

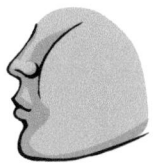

脸颊
μάγουλο

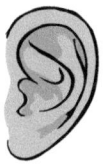

耳朵
αυτί

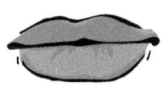

嘴唇
χείλος

身体 - σώμα

嘴

στόμα

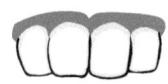

牙齿

δόντι

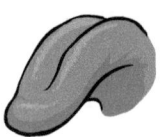

舌头

γλώσσα

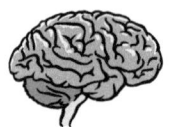

脑

εγκέφαλος

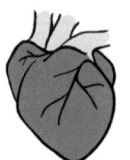

心脏

καρδιά

肌肉

μυς

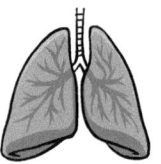

肺

πνεύμονας

肝脏

συκώτι

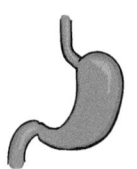

胃

στομάχι

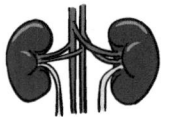

肾脏

νεφρά

性交

σεξουαλική επαφή

避孕套

προφυλακτικό

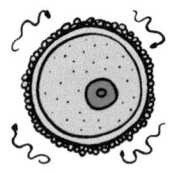

卵子

ωάριο

精子

σπέρμα

怀孕

εγκυμοσύνη

身体 - σώμα

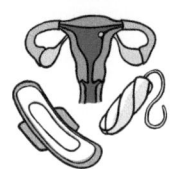

月经

περίοδος

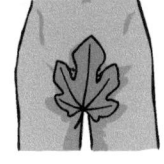

阴道

γυναικείος κόλπος

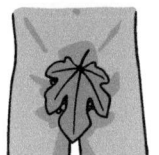

阴茎

πέος

眉毛

φρύδι

头发

μαλλιά

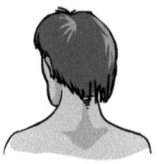

脖子

λαιμός

身体 - σώμα

医院
νοσοκομείο

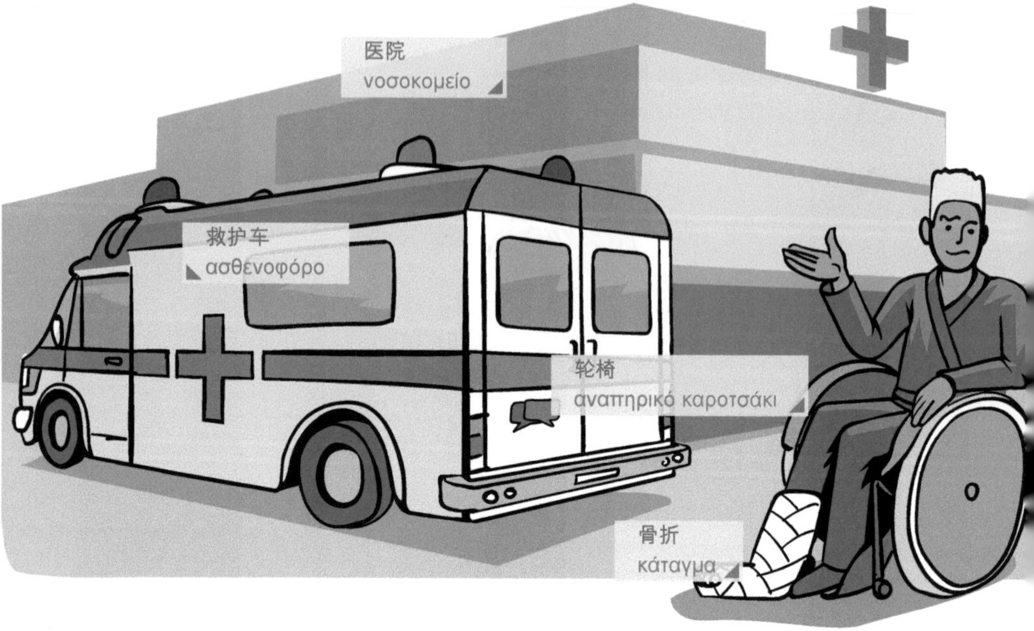

医院
νοσοκομείο
救护车
ασθενοφόρο
轮椅
αναπηρικό καροτσάκι
骨折
κάταγμα

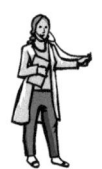

医生

γιατρός

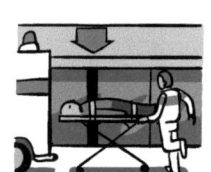

急诊室

μονάδα εντατικής θεραπείας

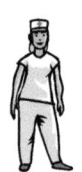

护士

νοσοκόμα

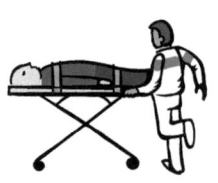

紧急情况

έκτακτη ανάγκη

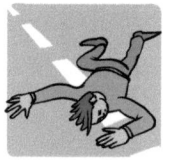

昏迷

λιπόθυμος

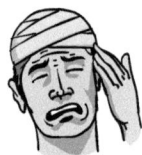

痛

πόνος

受伤
τραύμα

出血
αιμορραγία

心脏病发作
έμφραγμα

中风
εγκεφαλικό

过敏
αλλεργία

咳嗽
βήχας

发烧
πυρετός

流感
γρίπη

腹泻
διάρροια

头痛
πονοκέφαλος

癌症
καρκίνος

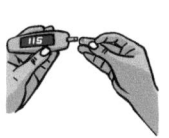

糖尿病
διαβήτης

外科医生
χειρουργός

手术刀
νυστέρι

手术
εγχείρηση

医院 - νοσοκομείο

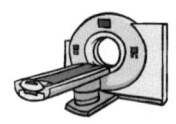

CT
αξονική τομογραφία

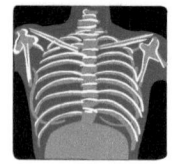

X光
ακτινογραφία

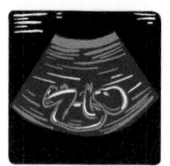

超声波
υπέρηχος

口罩
μάσκα

疾病
ασθένεια

候诊室
αίθουσα αναμονής

拐杖
πατερίτσα

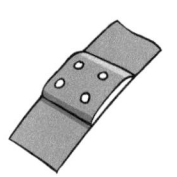

石膏
χάνσαπλαστ

绷带
επίδεσμος

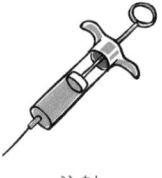

注射
ένεση

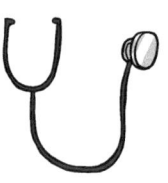

听诊器
στηθοσκόπιο

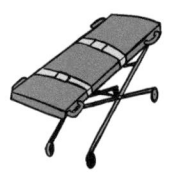

担架
φορείο

体温计
θερμόμετρο

出生
γέννηση

超重
υπέρβαρο

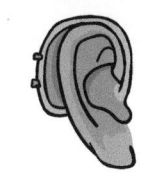

助听器

ακουστικό βαρηκοΐας

消毒液

αντισηπτικό

感染

λοίμωξη

病毒

ιός

艾滋病

HIV/AIDS

药物

φάρμακο

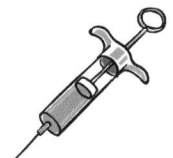

接种疫苗

εμβολιασμός

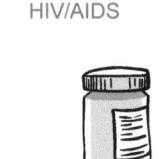

药片

δισκία

药丸

χάπι

急救电话

λήση έκτακτης ανάγκης

血压计

πιεσόμετρο αίματος

生病/健康

άρρωστος / υγιής

救命！
Βοήθεια!

警报
συναγερμός

突击
βιαιοπραγία

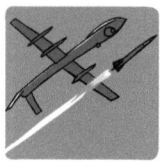

攻击
επίθεση

危险
κίνδυνος

紧急出口
έξοδος κινδύνου

着火啦！
Φωτιά!

灭火器
πυροσβεστήρας

意外
ατύχημα

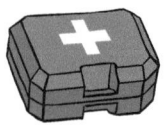

急救箱
κουτί πρώτων βοηθειών

呼救信号
SOS

警察
αστυνομία

欧洲

Ευρώπη

北美洲

Βόρεια Αμερική

南美洲

Νότια Αμερική

非洲

Αφρική

亚洲

Ασία

澳洲

Αυστραλία

大西洋

Ατλαντικός Ωκεανός

太平洋

Ειρηνικός Ωκεανός

印度洋

Ινδικός Ωκεανός

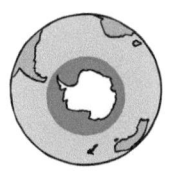

南冰洋

Ανταρκτικός Ωκεανός

北冰洋

Αρκτικός Ωκεανός

北极

Βόρειος Πόλος

南极

Νότιος Πόλος

南极洲

Ανταρκτική

地球

Γη

陆地

γη

海

θάλασσα

岛

νησί

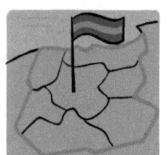

国家

έθνος

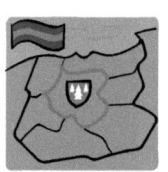

国家

πολιτεία

钟面

καντράν ρολογιού

时针

ωροδείκτης

分针

λεπτοδείκτης

秒针

είκτης δευτερολέπτων

现在几点？

Τι ώρα είναι;

天

ημέρα

时间

χρόνος

现在

τώρα

电子表

ψηφιακό ρολόι

分

λεπτό

时

ώρα

周
εβδομάδα

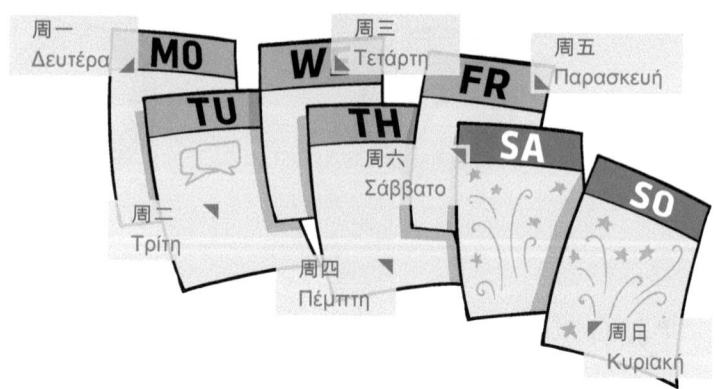

周一 Δευτέρα
周三 Τετάρτη
周五 Παρασκευή
周二 Τρίτη
周六 Σάββατο
周四 Πέμπτη
周日 Κυριακή

昨天

χθες

今天

σήμερα

明天

αύριο

早晨

πρωί

中午

μεσημέρι

晚上

βράδυ

工作日

εργάσιμες ημέρες

周末

Σαββατοκύριακο

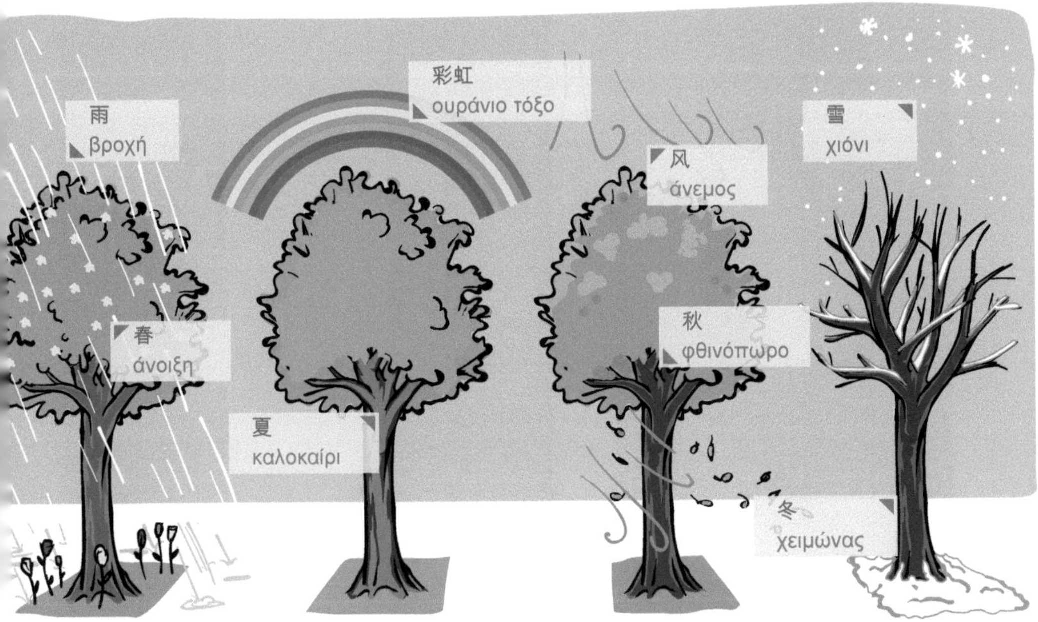

雨
βροχή
彩虹
ουράνιο τόξο
风
άνεμος
雪
χιόνι
春
άνοιξη
秋
φθινόπωρο
夏
καλοκαίρι
冬
χειμώνας

4.APRIL 11°
5.APRIL 4°
6.APRIL 13°
7.APRIL 8°
8.APRIL 10°

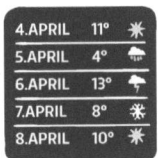

天气预报

πρόγνωση καιρού

F C
120 40
90 30
60 20
30 10
0 0
-30 -10
-20

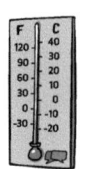

温度计

θερμόμετρο

阳光

λιακάδα

云

σύννεφο

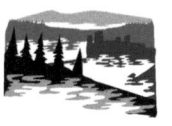

雾

ομίχλη

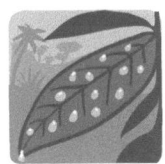

潮湿

υγρασία

闪电

αστραπή

打雷

κεραυνός

风暴

καταιγίδα

冰雹

χαλάζι

季风

μουσώνας

洪水

πλημμύρα

冰

πάγος

一月

Ιανουάριος

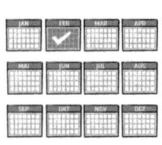

二月

Φεβρουάριος

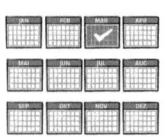

三月

Μάρτιος

四月

Απρίλιος

五月

Μάιος

六月

Ιούνιος

七月

Ιούλιος

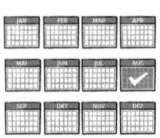

八月

Αύγουστος

九月

Σεπτέμβριος

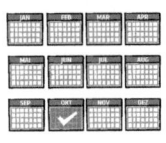

十月

Οκτώβριος

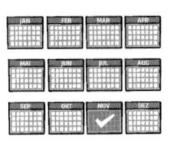

十一月

Νοέμβριος

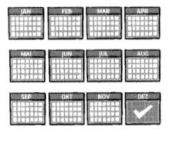

十二月

Δεκέμβριος

形状
σχήματα

圓形

κύκλος

正方形

τετράγωνο

长方形

ορθογώνιο
παραλληλόγραμμο

三角形

τρίγωνο

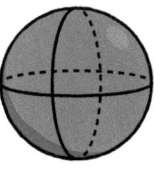

球体

σφαίρα

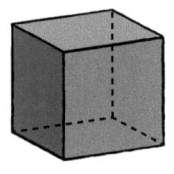

立方体

κύβος

白

άσπρο

黄

κίτρινο

橙

πορτοκαλί

粉

ροζ

红

κόκκινο

紫

μωβ

蓝

μπλε

绿

πράσινο

棕

καφέ

灰

γκρι

黑

μαύρο

很多/少许

πολύ / λίγο

生气/平静

θυμωμένος / ήρεμος

美/丑

όμορφος / άσχημος

首/尾

αρχή / τέλος

大/小

μεγάλος / μικρός

明/暗

φωτεινός / σκοτεινός

兄弟/姐妹

αδελφός / αδελφή

干净/肮脏

καθαρός / λερωμένος

完整/缺失

πλήρης / ατελής

白天/晚上

ημέρα / νύχτα

死/生

νεκρός / ζωντανός

宽/窄

φαρδύς / στενός

可食用/非食用

βρώσιμος / μη βρώσιμος

邪恶/善良

κακός / ευγενικός

兴奋/无聊

ενθουσιασμένος /
βαριεστημένος

胖/瘦

παχύς / λεπτός

第一/最后

πρώτος / τελευταίος

朋友/敌人

φίλος / εχθρός

满/空

γεμάτος / άδειος

硬/软

σκληρός / μαλακός

重/轻

βαρύς / ελαφρύς

饿/渴

πείνα / δίψα

生病/健康

άρρωστος / υγιής

非法/合法

παράνομος / νόμιμος

聪明/愚笨

έξυπνος / χαζός

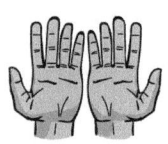

左/右

αριστερός / δεξιός

近/远

κοντινός / μακρινός

新/旧

καινούριος /
μεταχειρισμένος

没有/有些

τίποτα / κάτι

老/幼

γέρος | νέος

开/关

αναμμένος / σβηστός

打开/合上

ανοιχτός / κλειστός

安静/吵闹

χαμηλόφωνος /
μεγαλόφωνος

富/穷

πλούσιος / φτωχός

对/错

σωστός / λανθασμένος

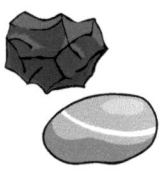

粗糙/光滑

τραχύς / λείος

伤心/高兴

υπημένος / χαρούμενος

短/长

κοντός / μακρύς

慢/快

αργός / γρήγορος

湿/干

υγρός / στεγνός

温暖/凉爽

ζεστός / δροσερός

战争/和平

πόλεμος / ειρήνη

0

零

μηδέν

1

一

ένα

2

二

δύο

3

三

τρία

4

四

τέσσερα

5

五

πέντε

6

六

έξι

7

七

εφτά

8

八

οκτώ

9

九

εννιά

10

十

δέκα

11

十一

έντεκα

12
十二
δώδεκα

13
十三
δεκατρία

14
十四
δεκατέσσερα

15
十五
δεκαπέντε

16
十六
δεκαέξι

17
十七
δεκαεφτά

18
十八
δεκαοκτώ

19
十九
δεκαεννέα

20
二十
είκοσι

100
百
εκατό

1.000
千
χίλια

1.000.000
百万
εκατομμύριο

英语

Αγγλικά

美式英语

Αμερικάνικα Αγγλικά

普通话

Μανδαρίνικα Κινέζικα

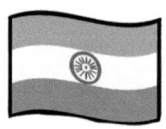

印地语

Χίντι

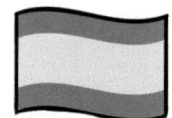

西班牙语

Ισπανικά

法语

Γαλλικά

阿拉伯语

Αραβικά

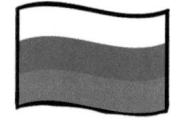

俄语

Ρώσικα

葡萄牙语

Πορτογαλικά

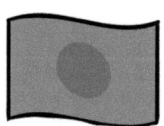

孟加拉语

Μπενγκάλι

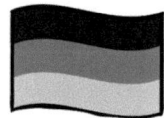

德语

Γερμανικά

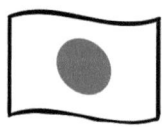

日语

Ιαπωνικά

我

εγώ

你

εσύ

他/她/它

αυτός / αυτή / αυτό

我们

εμείς

你们

εσείς

他们

αυτοί / αυτές / αυτά

谁？

ποιος / ποια / ποιο;

什么？

τι;

怎样？

πώς;

哪里？

πού;

什么时候？

πότε;

名字

όνομα

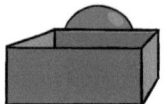

后面

πίσω

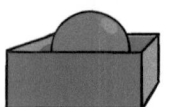

里面

μέσα

前面

μπροστά

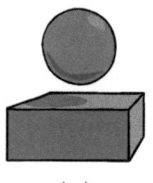

上方

πάνω από

上面

πάνω

下面

κάτω

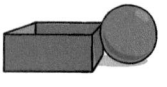

旁边

δίπλα

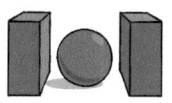

中间

ανάμεσα

地点

μέρος